PETRIKIRCHE Entwürfe zur Wiedererrichtung

Studentenprojekte an der ETH Zürich,
Lehrstuhl Prof. Hans Kollhoff

niggli

Katalog zum Frühlingsemester 2009
Prof. Hans Kollhoff, Labor »Architektur der Stadt«
Department Architektur an der ETH Zürich
Assistenten: Mark Ammann, Caroline Fiechter, Suzanne Senti, Markus Tubbesing
Redaktion: Patrick Chladek
Modellfotos: Heinrich Helfenstein, Umschlagfotografie: Niels Lehmann
Gestaltung und Herstellung: Julie August/Doreen Engel, Berlin
Druck: Druckerei Conrad, Berlin
Bindung: Buchbinderei Stein, Berlin

© 2009 by Verlag Niggli AG Sulgen | Zürich www.niggli.ch
ISBN 3-978-7212-0729-3

Inhalt

Vorwort: Gregor Hohberg 5
Aufgabenstellung: Hans Kollhoff 7
Studentenprojekte:

        Julian Amann 9
        Michèle Bär 17
        Nicolas Burckhardt 25
        Natalie Fabjani 33
        Michèle Gottier 41
        Katrin Gurtner 49
        Shan Jin 57
        Andreas Kaufmann 65
        Thomas Kissling 73
        Veit Knickenberg 81
        Niels Lehmann 89
        Samuel Rey 97
        Hilla Rudanko 105
        Sebastian Struckat 113
        Caspar Teichgräber 121
        Simon Tholen 129
        Karin von Wyl 137

Nachwort: Hans Stimmann 145

GREGOR HOHBERG   VORWORT

Musik liegt in der Luft. Die Neue Petrikirche für Berlin

Jogger laufen langsamer, Menschen, die ihre Hunde ausführen bleiben stehen und blicken verwundert. Eine Gruppe von 40 Menschen zieht singend über die Mühlendammbrücke in Mitte. Eine Prozession. Sie singen von Liebe und Leben. Es ist Sonntagmorgen. Warum singen sie? Warum mühen sie sich um ihre Kerzen, die der Wind immer wieder ausbläst? Warum singen sie hier, wo einst eine Furt Berlin und Cölln verband? Sie singen, weil sie an die Liebe glauben. Sie singen, weil die Welt, wie sie ist nicht alles sein kann. Sie singen, weil das Leben schwerer wiegt als der Tod. Sie singen, weil sie auf Gerechtigkeit hoffen und sich auf den Weg gemacht haben. Und sie singen an diesem Ort, weil sie ihre Botschaft nicht für sich behalten wollen. Berlin, nun freue dich.

Es gibt Menschen, die blicken von schwarz zu blau, die sehen nach der Nacht, den neuen Tag, der anbricht in unserer Stadt. Menschen, die weiter sehen hinter dem großen Bauzaun an der Brüderstraße. Sie steigen über Sand und Geröll in eine Grube – bis sie Halt unter ihren Füßen finden. Sie sind am Urort Berlins (und Cöllns), dort wo alles begann, dort, wo vor 750 Jahren Berlin geboren ward. Sie stehen auf dem Fundament der dritten Petrikirche, die hier ab 1730 in den Himmel ragte. Wenn die Grundmauern erst ganz freigelegt sind, dann kann man sie aus dem Flugzeug als großes weiß-graues Kreuz erkennen, sagt Frau Melisch, die Ausgrabungsleiterin. Ein Kreuz markiert den Ursprung Berlins. Es ist nur halb zu sehen. Noch führen Straßen über zwei Querbalken hinweg, aber es ist da – mitten in der Stadt. 40 Menschen stehen auf diesem Fundament und lesen aus der Bibel. Am Ostermorgen lesen sie vom leeren Grab, vom Leben, das weitergeht, vom Aufbruch nach der Krise, von der Liebe. Sie tun das nicht für sich allein. Sie tun es für Berlin, für die Bewohnerinnen und Bewohner und ihre Gäste. Es ist eine Einladung. Jede und jeder kann dazukommen, zuhören, mitdenken und -tun.

Wie gehen wir um mit unseren Traditionen, mit den Fundamenten? Wohin mit unseren Zweifeln und Tränen? Wie sieht unsere Hoffnung für Berlin aus? Wie gestalten wir im 21. Jahrhundert den Traum von der himmlischen Stadt, vom Himmel auf Erden? Das sind Fragen, die wir in Berlin gerade heiß diskutieren.

Jede Auseinandersetzung darum lohnt – auch wenn sie auf dem Feld der Stadtentwicklung geführt wird. Dort, wo einst die Petrikirchen standen könnte Berlin sich ein neues Gotteshaus bauen. Ein Gebäude, dass auf den Fundamenten Berlins und der christlichen Tradition gründet, das der Gegenwart, dem Gespräch und dem Ringen um Stadtfrieden und gelingendes Zusammenleben Raum gibt und das als Platzhalter dient, für alles lebensfördernde, visionäre, was noch vor uns liegt. Eine neue, spannende Debatte bahnt sich da an.

Grundvigskirche, Kopenhagen, Peder und Kaare Jensen-Klint

HANS KOLLHOFF AUFGABENSTELLUNG

Der evangelische Kirchengemeinderat St. Petri hat am 15.10.2008 entschieden, die Neuerrichtung der Kirche am alten Standort zu projektieren. »Die neu zu errichtende Petrikirche soll sich auf ihre Vorgängerbauten beziehen und durch eine wegweisende, innovative Formensprache zugleich spirituelle Impulse zur Weiterbelebung der Mitte Berlins entfalten.« (Beschluss des Gemeindekirchenrats).

Die St. Petrikiche in Berlin-Cölln ist auf der Stelle der ältesten Pfarrkirche dieses Stadtteils, die dem 13. Jahrhundert entstammte, erbaut und nach mehrfachen Veränderungen und Zusätzen, zuerst 1730, dann 1809 durch Brand vernichtet worden. »Der enge Bauplatz zwang, wie der Grundriss lehrt, zur Anlage eines kurzschenkeligen Kreuzbaues mit einem Querhause, einem Turme in der Front und einem 5/8 Polygonchore an der Rückseite. Zahl der Sitzplätze: 1450. Maße: 43,62m Länge, 14,90m Breite und 27,14m Höhe. Der Turm hat unten eine Quadratseite von 8,47; die Totalhöhe beträgt 96,34m. Gasbeleuchtung und Warmwasserheizung sind vorhanden.« (*Berlin und seine Bauten*, 1877)

Aufgrund der totalen Kriegszerstörung sowie überdimensionierter Nachkriegsplanungen der Verkehrsinfrastruktur muss der Bauplatz erst noch geschaffen werden, d.h. die städtebauliche Klärung ist Teil des Objektentwurfes.

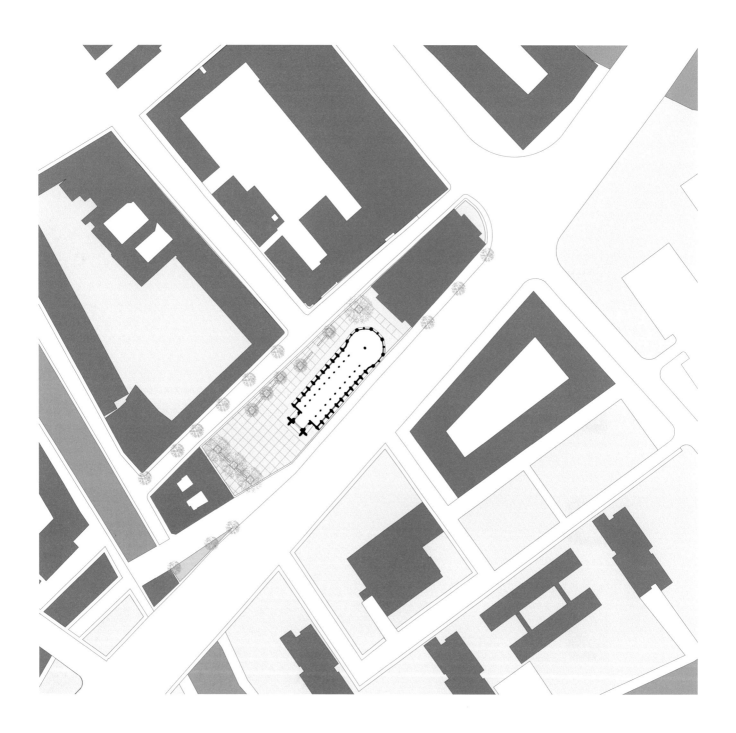

JULIAN AMANN

Erinnerungen an die gotischen Wurzeln der Stadt Cölln werden hier evoziert, wie die Vorgängerkirche von Heinrich Strack es einst getan hat. Über einem schweren Fußabdruck verjüngen sich die Pfeiler rasch zu Lisenen, springen im Turm zurück, feiner werdend, reichen sie schließlich als Zinnen in die Turmsilhouette Berlins.

Das Profil der Gertraudenstraße zieht sich durch den Bau wieder in ein sinnfälliges Verhältnis zum Kirchenkörper zurück und biegt sich um diesen »Urort Cöllns«, der heute unter der Teerdecke der Grunerstraße verschwunden liegt. Gesteigert wird die Markierung dieses Orts im Inneren der Kirche: In der Abfolge von Turmvestibül und Langschiff folgt der Einpfeilerraum. Mit der Aufrichtung dieses zentralen Pfeilers soll der Neubau des Gotteshauses beginnen: Gleich einem Mal markiert er das Zentrum, an dem die Mitglieder der Gemeinde Sankt Petri nach der Vollendung des Kirchenbaus zur Eucharistie zusammentreten werden.

Queransichten, 1:1000

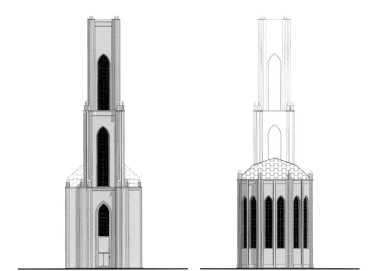

Längsansicht, 1:1000

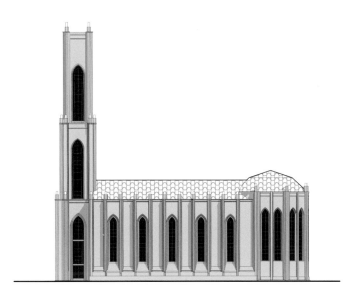

Grundriss, 1:1000

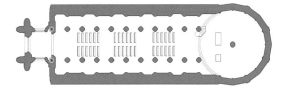

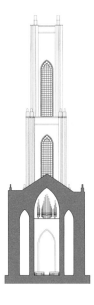

Querschnitte, 1:1000

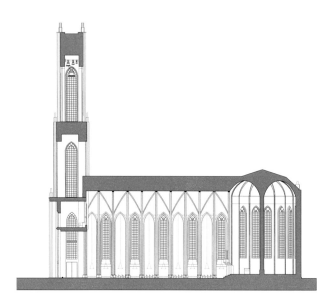

Längsschnitt, 1:1000

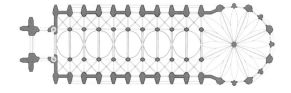

Grundriss II, 1:1000

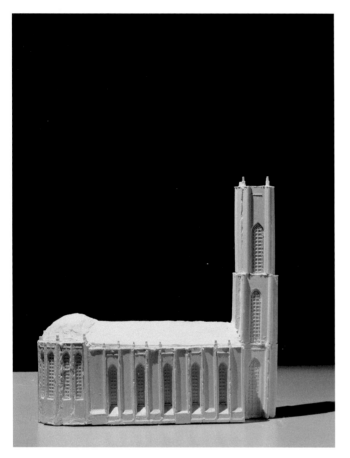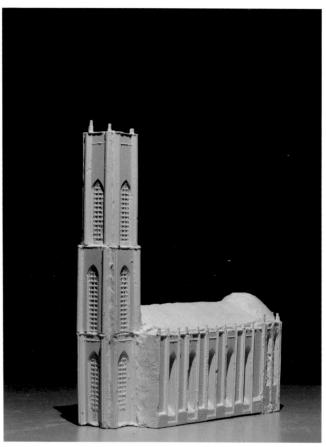

Julian Amann

MICHÈLE BÄR

Der fein gegliederte Baukörper staffelt sich zum Turm hoch und findet zur Brüderstraße hin seinen Höhepunkt. Zum Petri-Platz bildet die monumentale Eingangsfront die Verzahnung von öffentlichem Raum und Kirchenraum.

Das Innere, ausschließlich in einem hellen Backstein, ist geprägt vom kräftig einfallenden Seitenlicht, das über ein erhöhtes Galeriegeschoss in die Tiefe des Kirchenraumes dringt. Im Altarraum, durch den Turm erhellt, findet die Kirche ihren räumlichen Höhepunkt.

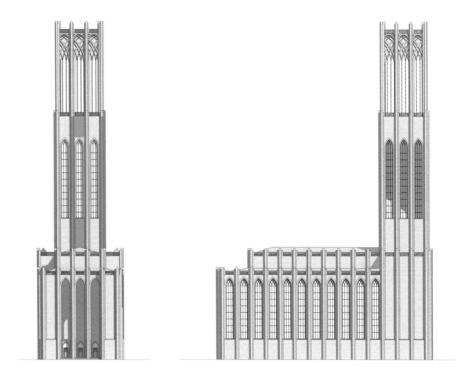

Quer- und Längsansicht, 1:1000

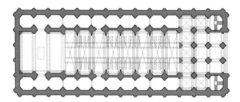

Grundriss, 1:1000

Michèle Bär

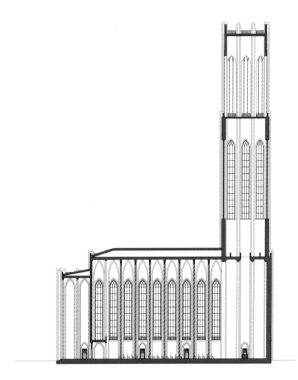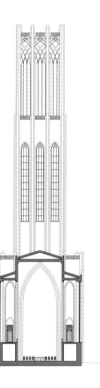

Längs- und Querschnitt, 1:1000

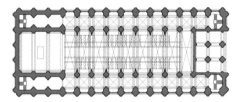

Grundriss II, 1:1000

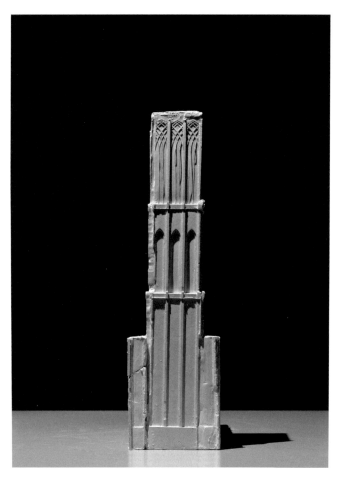 

22 Michèle Bär

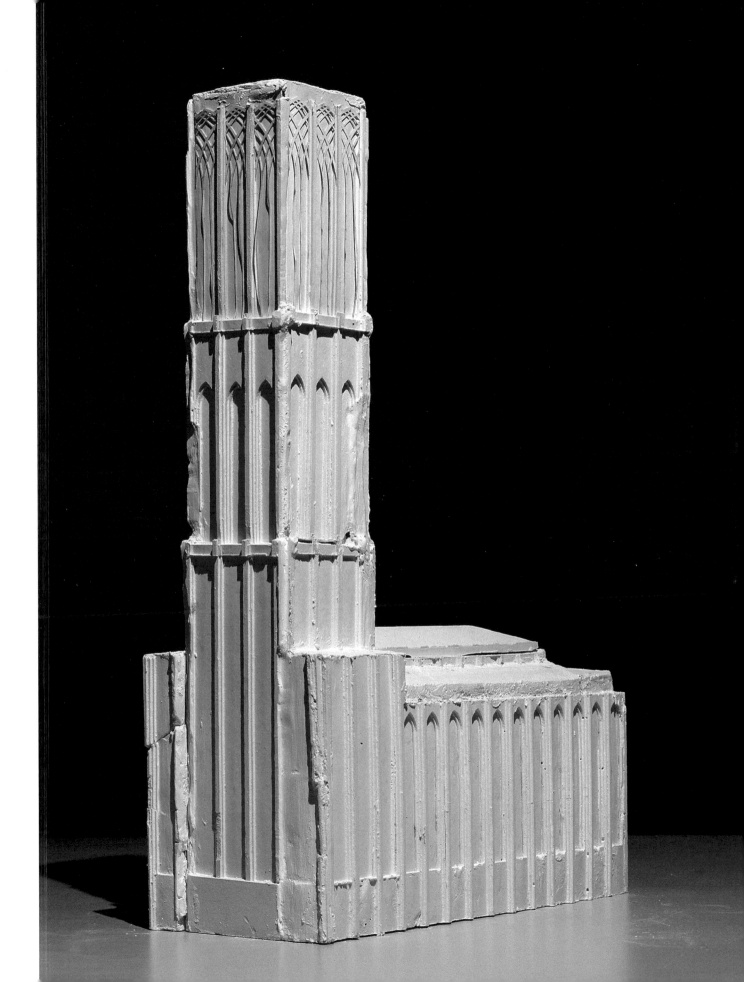

NICOLAS BURCKHARDT

Das Volumen der Kirche erscheint wie mit dem Messer aus einem Rohling herausgeschnitten. Strukturell folgt die dreischiffige Basilika mit Doppelturmfassade einem klassischen Kirchentypus. Ganz aus Sandstein, verdichtet sich das Prinzip der kantigen Flächen zu einer prägnanten skulpturalen Wirkung, die an die »zoning-law« Bilder von Hugh Ferris erinnert. Trotz ihrer Abstraktheit fügen sich die beiden Türme selbstverständlich in die Stadtsilhouette ein und unterstreichen den selbstbewussten städtebaulichen Auftritt der neuen Kirche.

*Quer- und
Längsansicht, 1:1000*

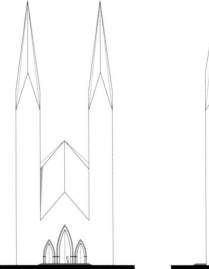
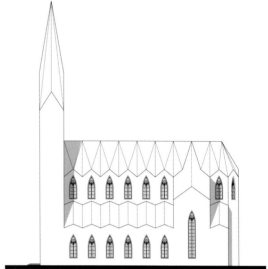

Grundriss, 1:1000

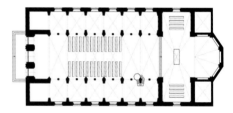

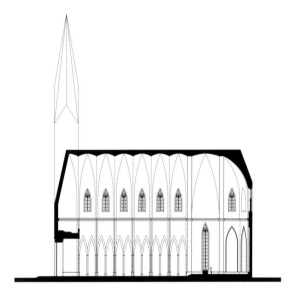
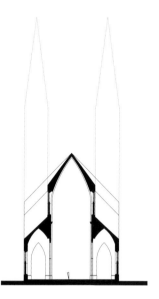

Längs- und Querschnitt, 1:1000

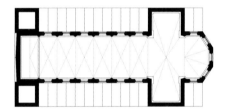

Grundriss II, 1:1000

28 Nicolas Burckhardt

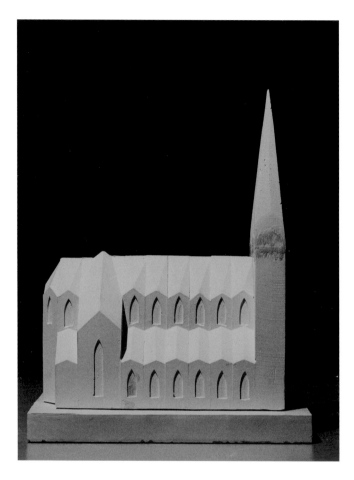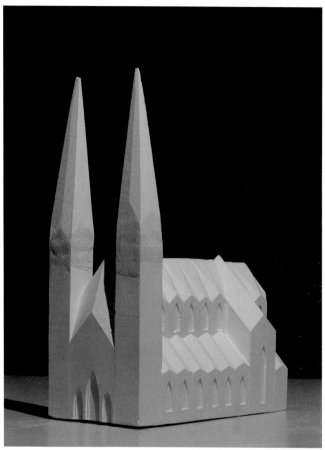

Nicolas Burckhardt

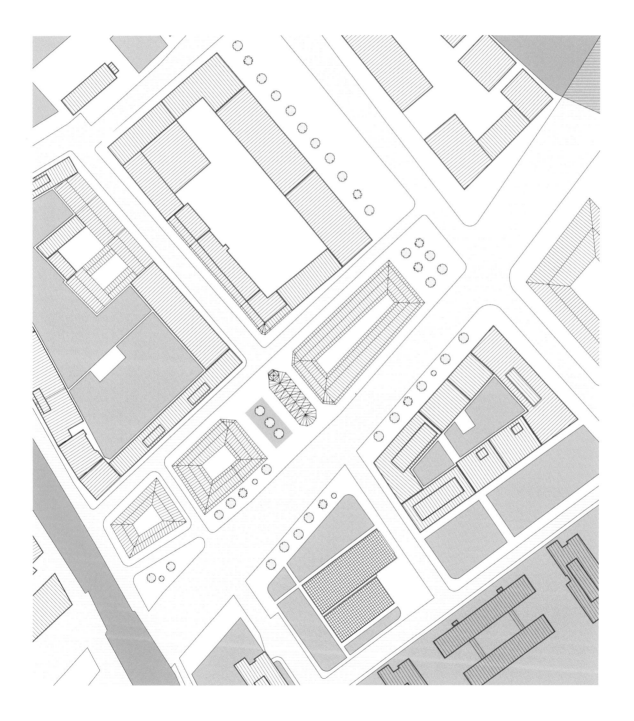

NATALIE FABJANI

Aus mächtigen Kalksteinblöcken wird der Gemeinderaum der Petrikirche aus dem Cöllner Grund heraus gearbeitet. Wie ein Astwerk strebt – ganz gotisch – gleichsam das Rippenwerk aus lasiertem Holz hinauf ins Netzgewölbe, entgrenzend, den Himmel zur Decke machend.

Die Intimität des Kirchenbaus ist geprägt durch den Maßstab und die Feinheit seines Äußeren, die Dimension und Geschlossenheit des Predigtsaals, die Ausbildung des kleinen Petrikirchplatzes neben dem obeliskartigen Kirchturm, eine Intimität des alten Cölln, wie sie heute in der Brüderstraße und an der Scharrenstrasse noch zu finden ist.

Quer- und Längsansicht, 1:1000

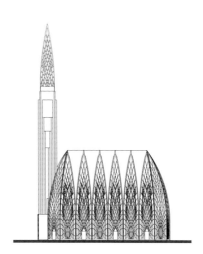

Grundriss, 1:1000

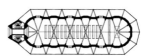

Querschnitte, 1:1000

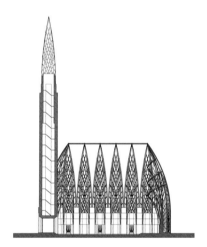

Längsschnitt, 1:1000

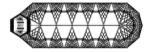

Grundriss II, 1:1000

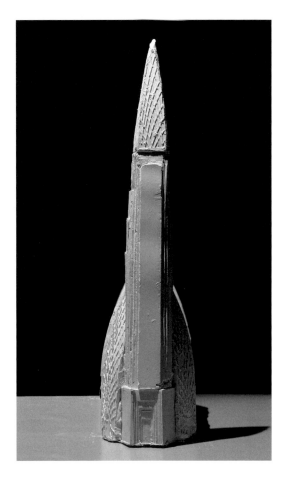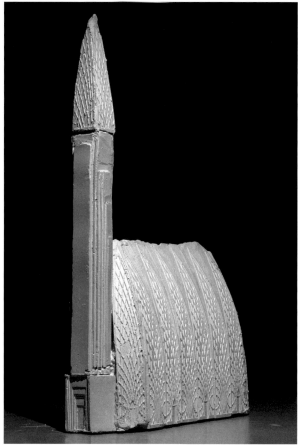

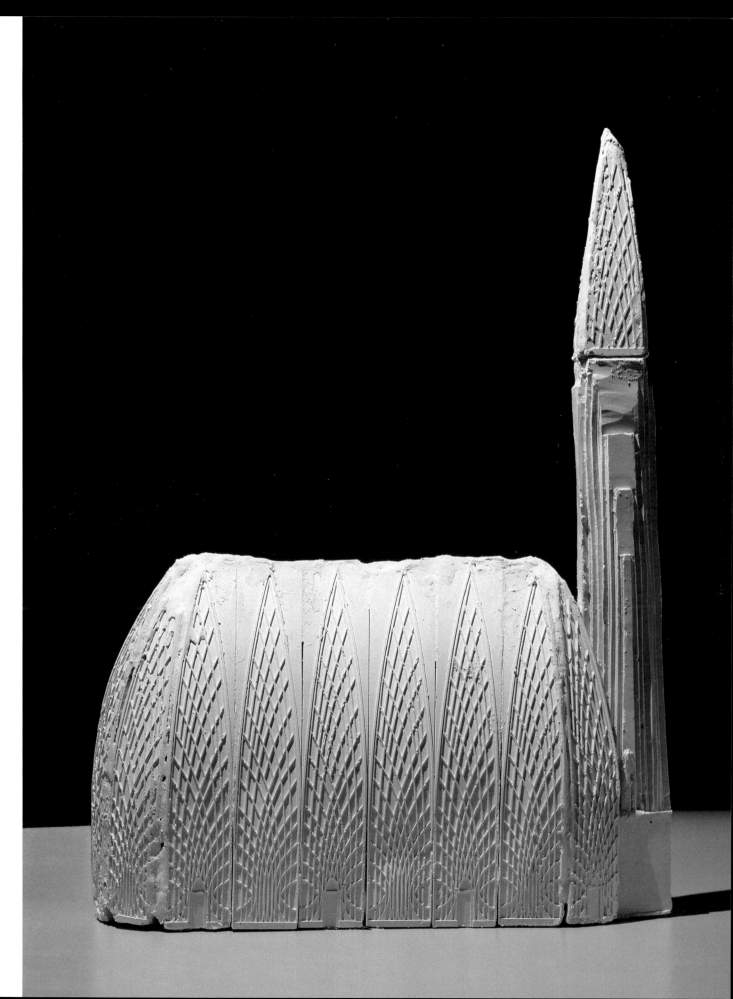

MICHÈLE GOTTIER

Weit in die Luft streckt sich der strahlend weiße Kirchturm der neuen Sankt Petri-Kirche und gesellt sich mit seiner kupferbedeckten Krönung zu Dom und Sankt Hedwig. Im Sockel dieses Turms ist der Eingang zur ellipsenförmigen Predigtkirche angeordnet, die der Geschosslogik des Kirchturmes folgt.

Zweischalig in ihrem Aufbau, führt ein Säulenumgang, den Gemeindesaal fassend, zum Altar. Der von einem weiteren Säulengeschoss getragene Tambour mit Laterne sorgt für ein helles, steil einfallendes Licht.

42 Michèle Gottier

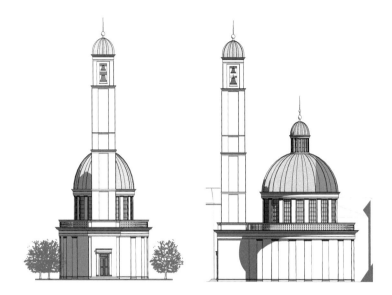

*Quer- und Längansicht,
1:1000*

Grundriss, 1:1000

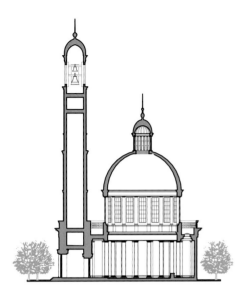
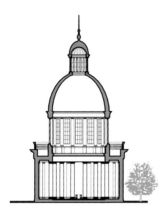

Längs- und Querschnitt, 1:1000

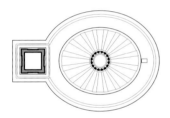

Grundriss II, 1:1000

44 Michèle Gottier

 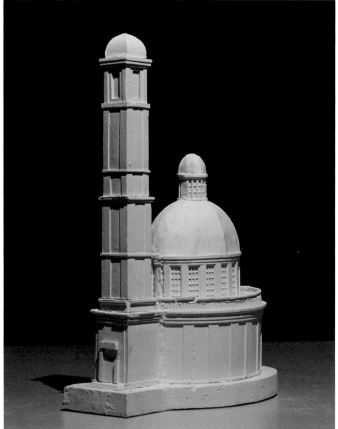

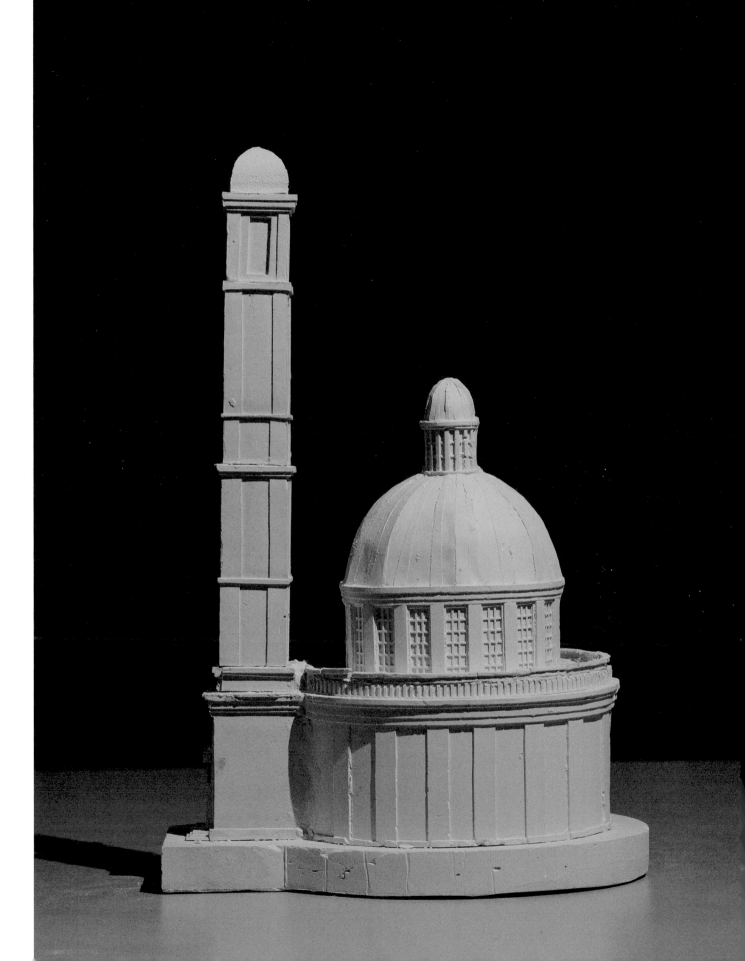

KATRIN GURTNER

Die filigrane Holzkirche stellt sich als urbanes Schmuckstück in den verlängerten Strassenraum der Brüderstrasse. Mit den beiden flankierenden Blockrandgebäuden bildet sich vor der prägnanten Turmfront ein kleiner Platz aus, der in seiner Intimität an die Zufälligkeit italienischer Stadtstrukturen erinnert.

Der massive Sockel aus Stein trägt die Holzkonstruktion des Kirchendachs. Mit ihrer rationalen Struktur überrascht sie im Innenraum durch eine ornamentale Lichtqualität, die im kräftigen Kontrast zum ruhenden Steinsockel steht.

Queransichten, 1:1000

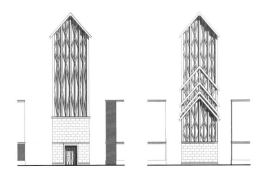

Längsansicht, 1:1000

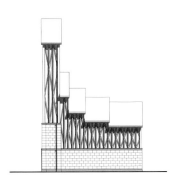

Grundriss, 1:1000

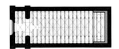

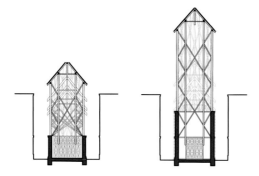

Querschnitt, 1:1000

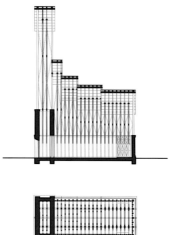

Längsschnitt, 1:1000

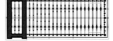

Grundriss II, 1:1000

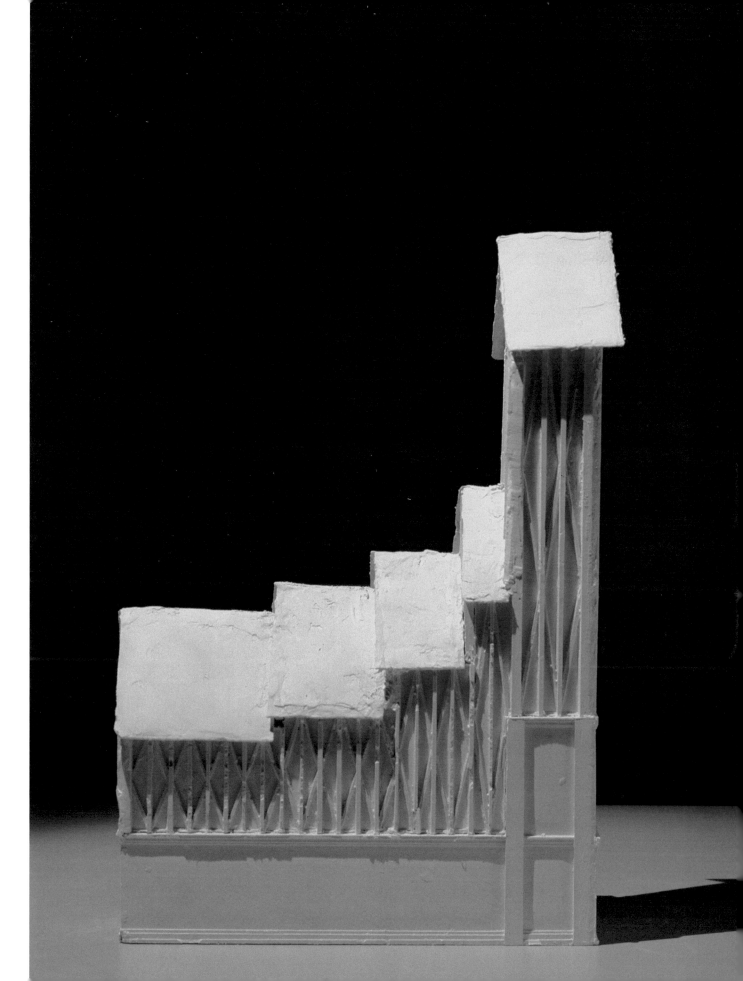

SHAN JIN

Auf dem langen Grundstück des heutigen Ministerial-Parkplatzes werden vier Gebäudekörper geschickt verteilt: Die Basilika Sankt Petri mit daneben stehendem Campanile, dem Cöllner Rathaus und einem schmalen Wohn- und Geschäftshaus. So wird eine komplexe städtische Raumfolge um den neuen Petrikirchplatz geschaffen. Selbstbewusst stellt sich die Hauptfassade der Kirche, deren Tympanon durch massive Eckpfeiler getragen wird, an den Platz. Auch die Seiten- und Apsisfassaden sind durch Pfeilerfolgen geprägt, die das einfallende Seitenlicht orchestrieren.

Wie außen angedeutet, gliedert sich der Innenraum dreischiffig. Die Folge der Fassaden- und Mittelschiffpfeiler werden dabei bruchlos in ein Zellengewölbe übergeleitet. Die Pfeilerabstände sind so bemessen, dass das Halbrund der Apsis in gleißendes Licht getaucht wird.

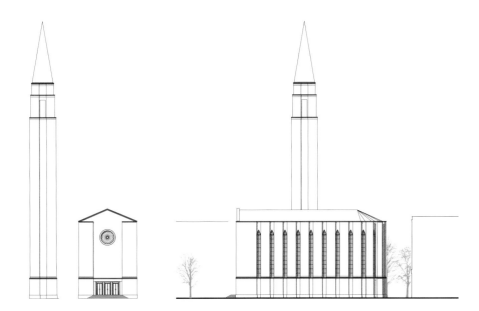

Quer- und
Längsansicht, 1:1000

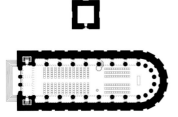

Grundriss, 1:1000

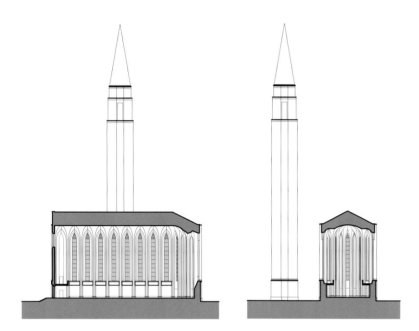

Längs- und Querschnitt, 1:1000

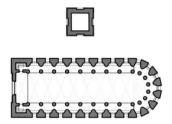

Grundriss II, 1:1000

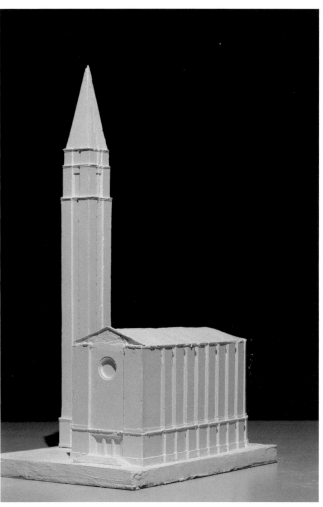

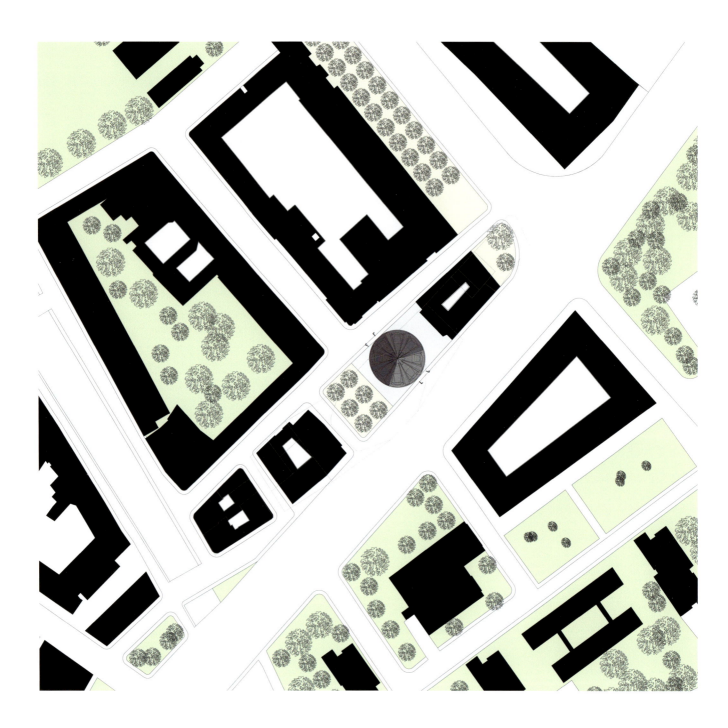

ANDREAS KAUFMANN

Wie im »Babelgedanken« wird hier der Raum zum Turm. Im Äußeren strebt der Rundraum hinein in die Spitze, im Innern schließt sich die Kuppel über dem Besucher, wie eine Gruppe von Bäumen in einer Waldlichtung. Zwischen den mächtigen Rippen, die das Gewicht der Kuppel tragen, dringt das Licht teils gedämpft schimmernd, teils direkt strahlend, in den Kirchenraum ein. Dabei soll die kühle und ruhige Stimmung nicht belehren, sondern andächtig glauben lassen.

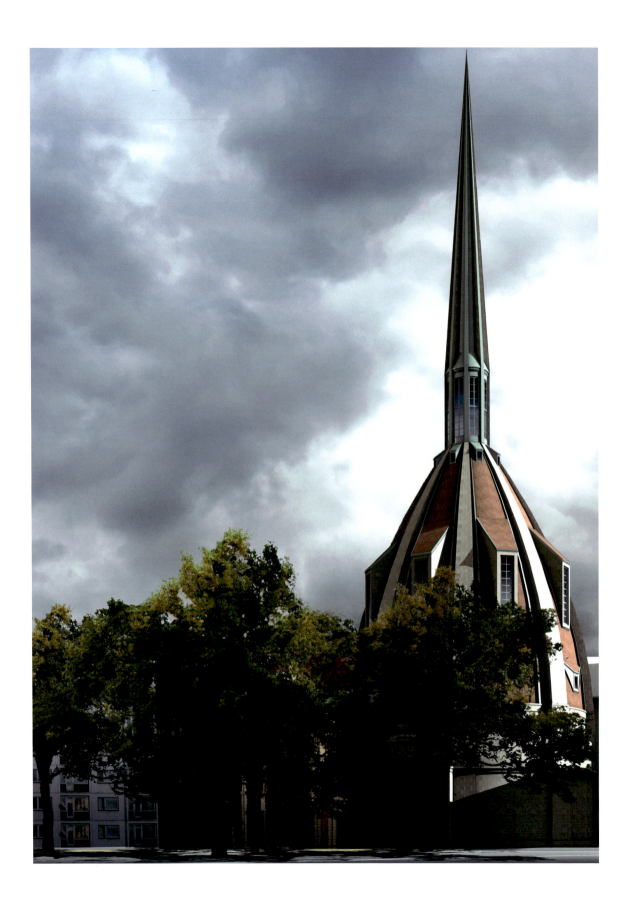

Ansicht, 1:1000

Grundriss I, 1:1000

Grundriss II, 1:1000

Schnitte, 1:1000

Grundrisse, 1:1000

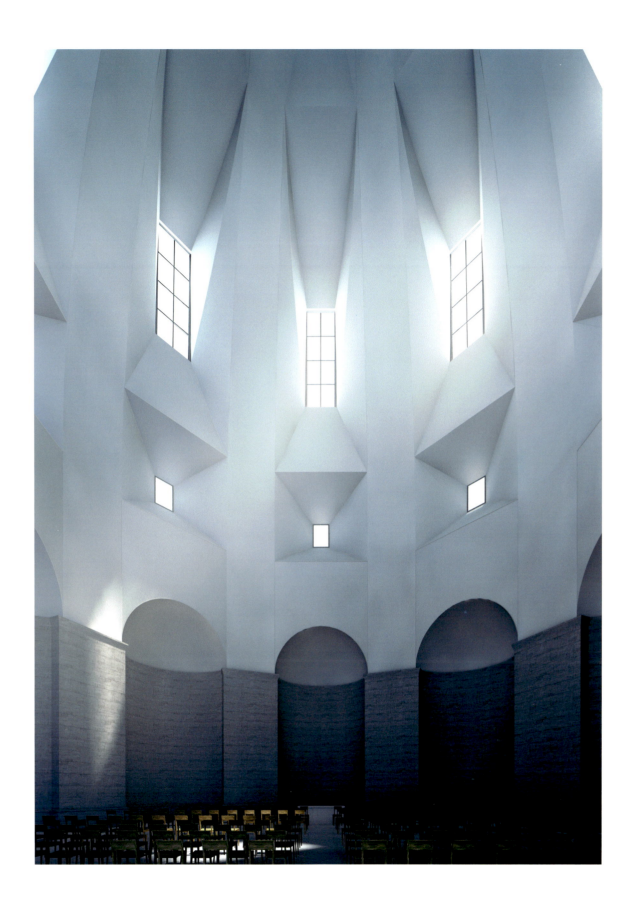

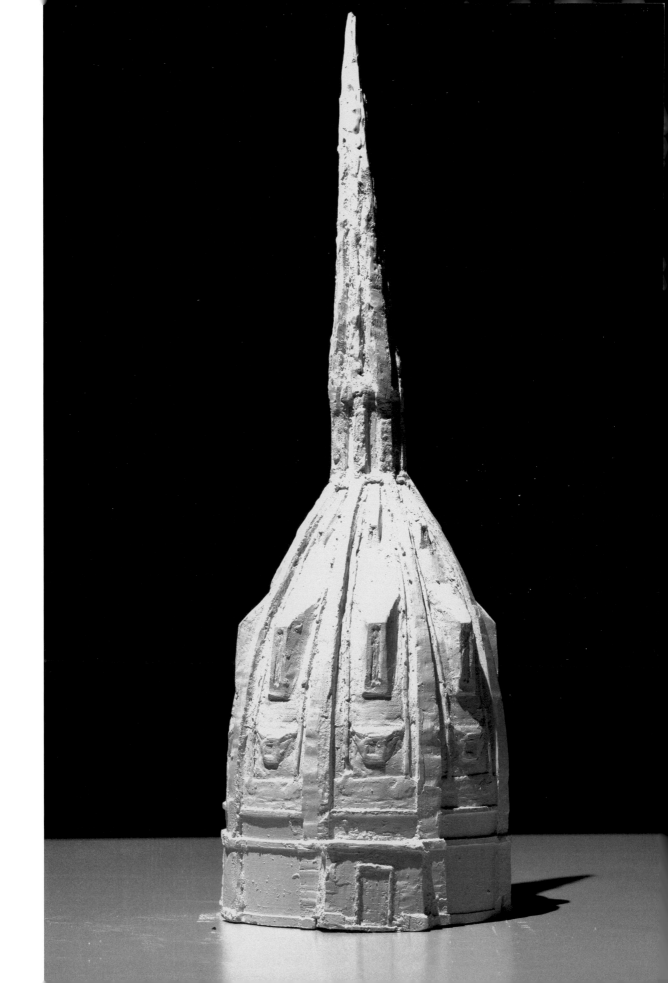

THOMAS KISSLING

Unverrückbar nimmt der schwere Monolith den Fußabdruck der einstigen Petrikirche von Johann Strack ein. Obeliskartig steigt dabei der natursteinverkleidete Kirchturm auf und fügt der Silhouette Berlins einen gänzlich neuen Akzent hinzu. Holzschnittartig wird die Langhausfassade ausgehöhlt, um das eintretende Licht zu orchestrieren.

Auf der flächigen, absichtlich schlicht gehaltenen Architektursprache des Innenraumes entsteht so eine fein nuancierte, präzise entworfene Lichtkomposition.

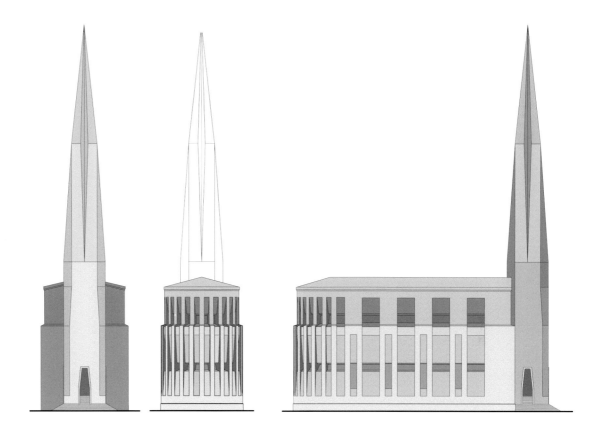

Queransichten und Längsansicht, 1:1000

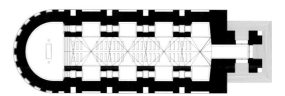

Grundriss, 1:1000

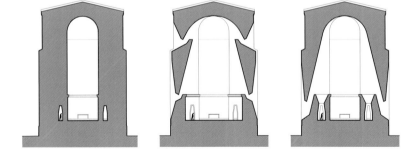

Querschnitte, 1:1000

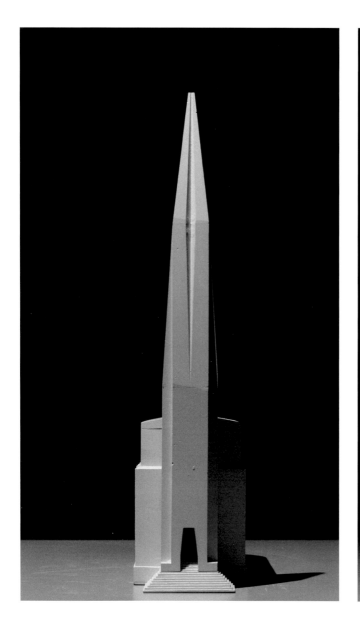 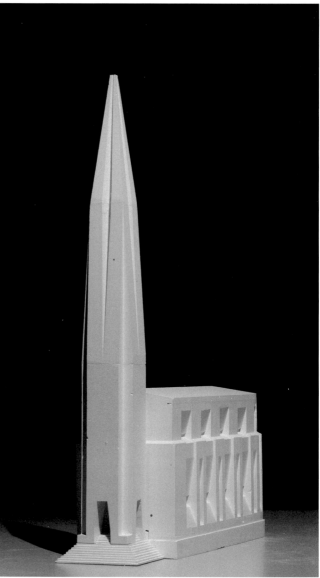

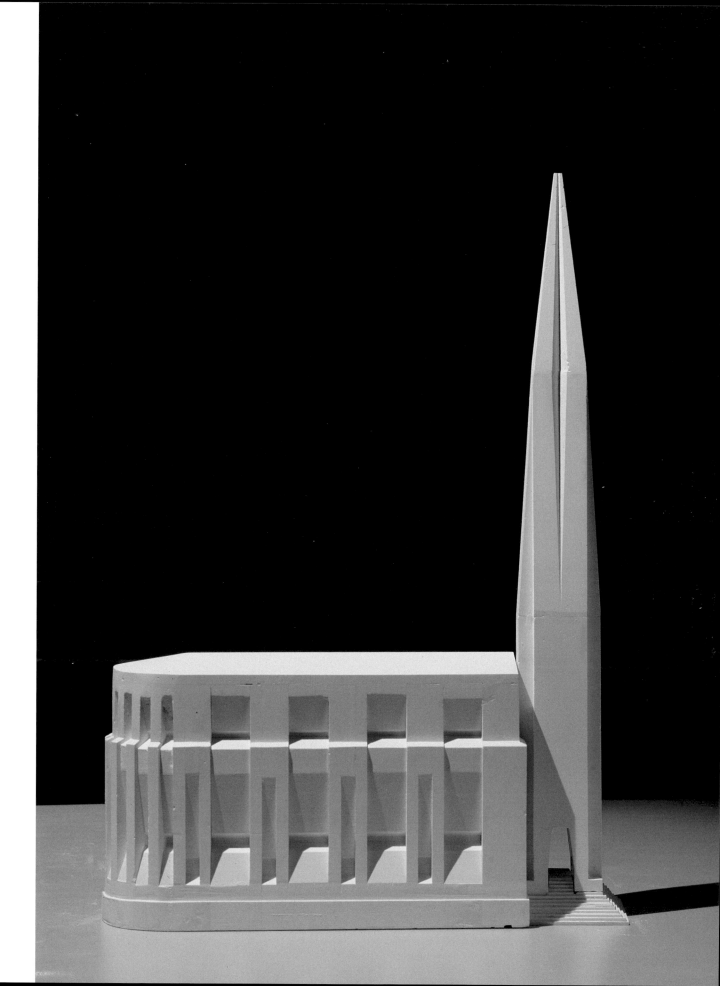

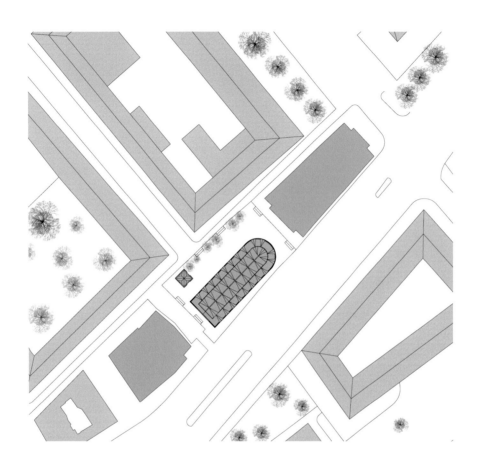

VEIT KNICKENBERG

Das Thema des Giebels und des Daches steht am Anfang des Entwurfs. Was auf den ersten Blick lapidar erscheinen mag, verdichtet sich zu einem faszinierenden Bild: Die Durchdringung und Verschmelzung vieler, unterschiedlich grosser »Hauskörper« zu einem Ganzen. Das hochgereckte Mittelschiff holt über den seitlichen Gaubenkranz das Licht von weit oben in den Kirchenraum hinein. In Analogie zum Äußeren ist das Innere durch eine spitzgiebelige Arkade gegliedert, über der sich ein Deckenfaltwerk erhebt. Der Turm ist freistehend und gleichsam als Gelenk in den Platzraum neben der Kirche gestellt. Durch eine feine, teleskopartige Gliederung bildet er einen markanten vertikalen Akzent.

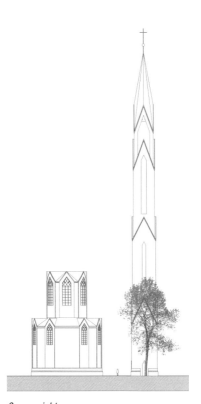 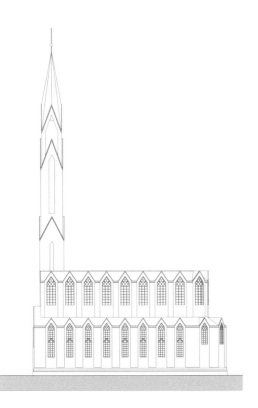 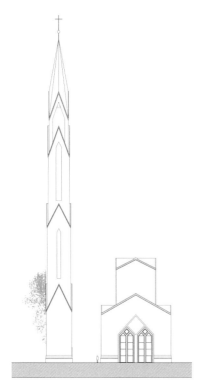

Queransichten,
Längsansicht, 1:1000

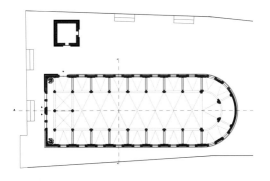

Grundriss, 1:1000

Veit Knickenberg

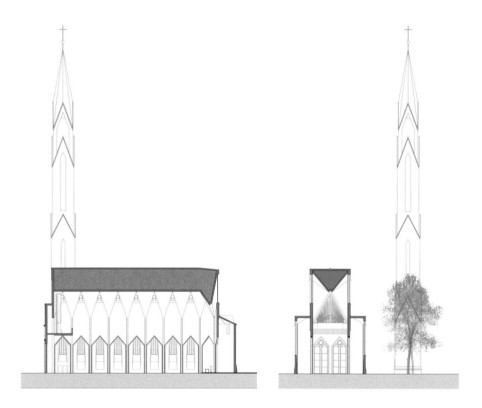

Längs- und
Querchnitt, 1:1000

Grundriss, 1:1000

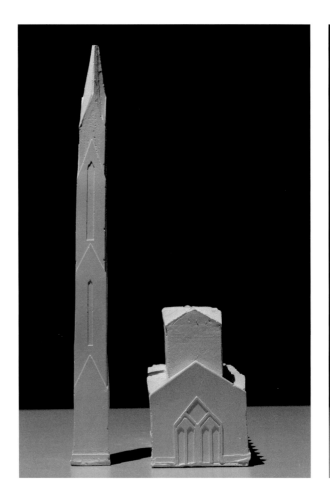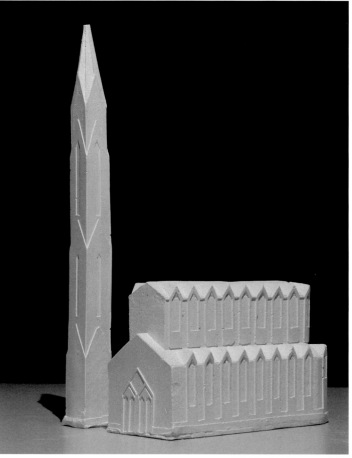

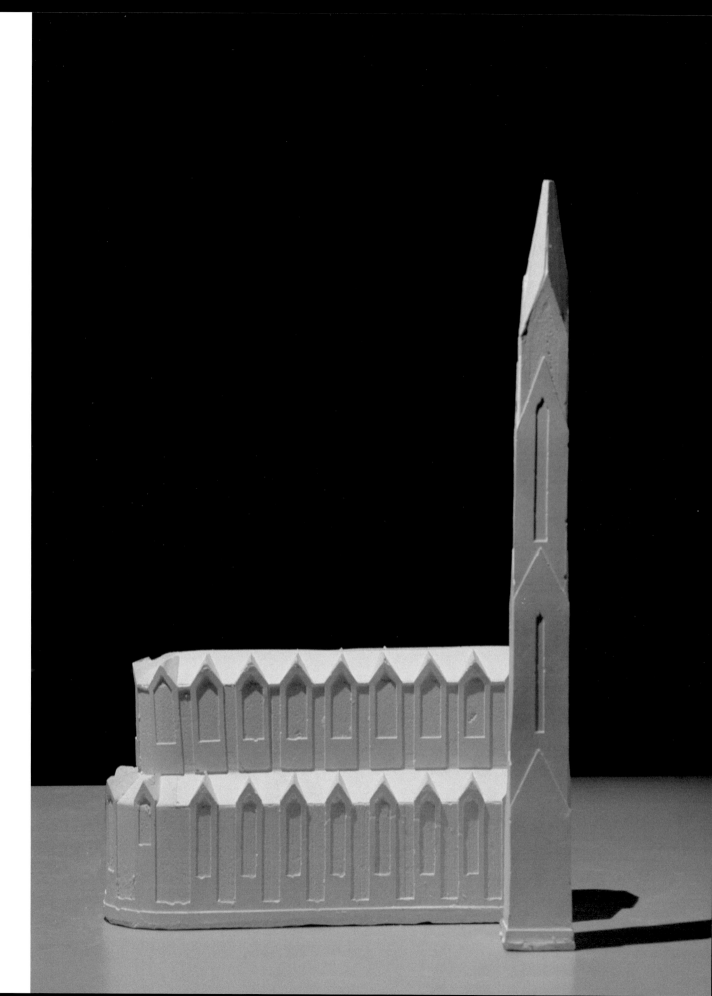

NIELS LEHMANN

Die einschiffige Hallenkirche ist zwischen Industrie- und Monumentalbau angelegt und steigert sich im Innern zu einer erhabenen sakralen Wirkung. Das hohe, einfache Volumen ist aussen durch einen filigranen Kranz vertikaler Lisenen gegliedert, die ganz nach gotischem Prinzip eine Auflösung der Wand erzeugen. Der Innenraum ist dagegen von einer überraschenden Körperhaftigkeit, die durch die Verwendung hellen Backsteins noch unterstützt wird. Mächtige Pfeiler schälen sich aus der tiefen, raumhaltigen Wand und lassen das Licht sanft in den Raum gleiten. Die Decke scheint von der aufstrebenden Kraft der Pfeiler wie angehoben, schwebend.

Queransicht, 1:1000

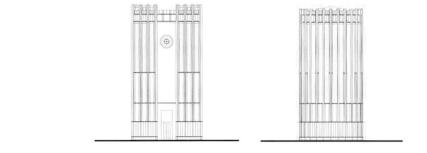

Längsansicht, 1:1000

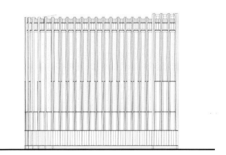

Grundriss, 1:1000

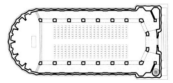

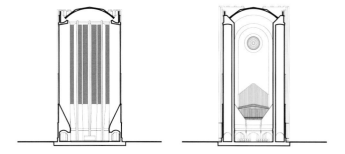

Querschnitte, 1:1000

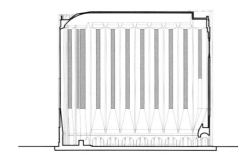

Längsschnitt, 1:1000

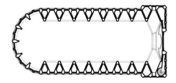

Grundriss, 1:1000

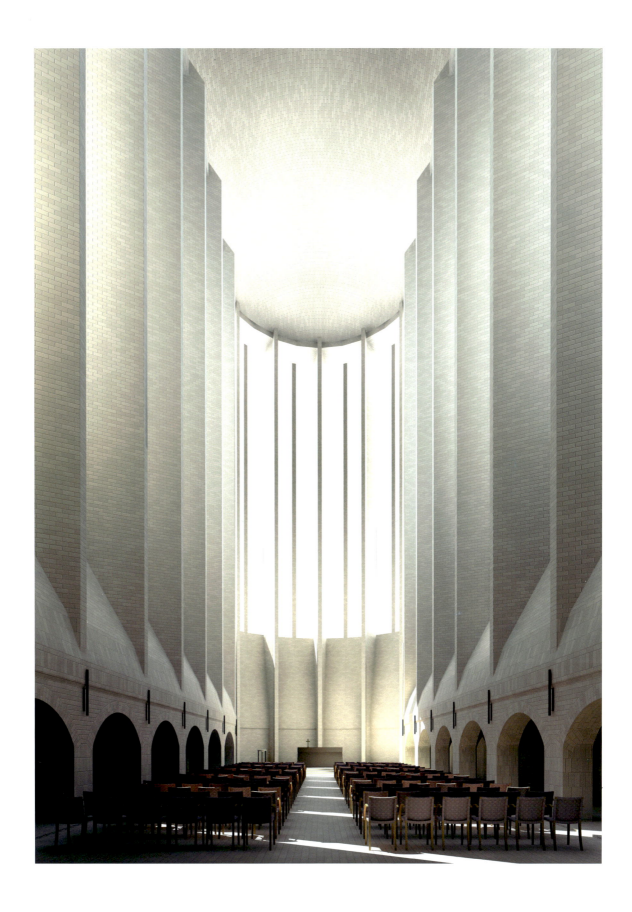

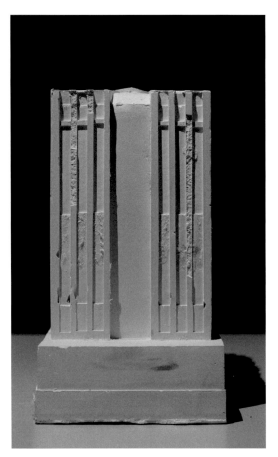

SAMUEL REY

Ein Morgen wird frisch glänzen und ein Bummler die Wand der Umwallung entlang spazieren. Das Gebäude hinter einem Schleier von Birken hat ihn neugierig gemacht. Sein Blick wird sich in diesem Gemälde der gelassenen Natur verlieren. Leichtes Leinenhemd. Er wird in schweifenden Gedanken verweilen. Er wird vor dem offenen Tor stehen, diesen Dienstagmorgen im Frühling. Das Tor durchschritten, wird er augenblicklich anwesend sein. Sein Blick auf die zentrale Allee zersplittert. Der Brunnen am Fuß des Turmes, wie ein Hofhund der Prinzessin, fordert seine Aufmerksamkeit. Die erstarrte Kraft der Engel aus der Finsternis des Mittelalters, verblasst im Herzen des fließenden Raumes. Der Mensch wird dann am Fuß des Bauwerks angelangt sein; wie eine Perle in einer Schatulle aus subtiler Empfindlichkeit, feiner Berührungen, Zärtlichkeiten, Augenblicken – Belanglosigkeit architektonischer Berührung – wie ein Aquarell.

Ansicht, 1:1000

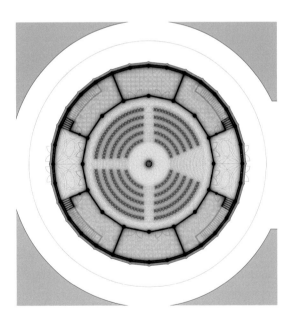

Grundriss, 1:1000

Schnitt, 1:1000

Grundriss, 1:1000

100 Samuel Rey

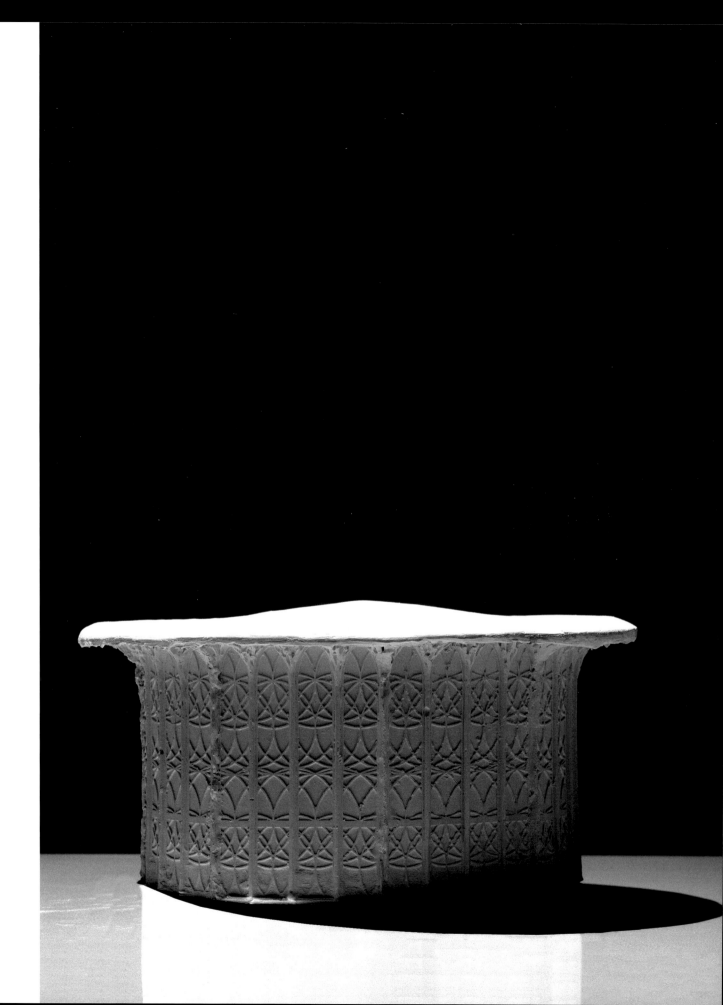

HILLA RUDANKO

Das Projekt ist ganz aus dem Innenraum und der Lichtführung heraus entwickelt. Das Kirchenschiff, ein schmaler hoher Raum, wird überwölbt von einem muschelartig gefächerten, in einen steilen Spitzbogen zulaufenden Dach. Die Seitenschiffe sind als Lichträume ausgebildet, die das Tageslicht hoch oben in der Aussenfassade hereinholen und es unten über eine niedrige Bogenreihe in das Mittelschiff einfliessen lassen. Ein asketisch introvertierter Kirchenraum. Das schmale und zierliche Volumen wird geschickt in die Achse der Brüderstrasse gestellt und entfaltet dort trotz seiner Zerbrechlichkeit eine durchaus monumentale Wirkung.

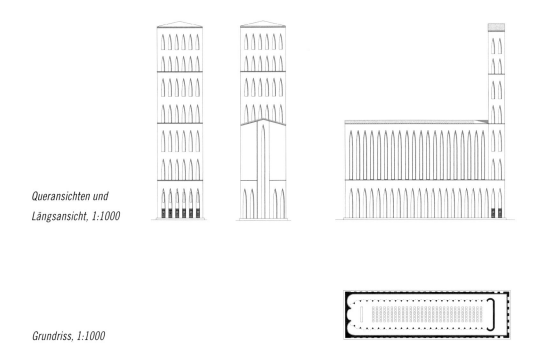

Queransichten und Längsansicht, 1:1000

Grundriss, 1:1000

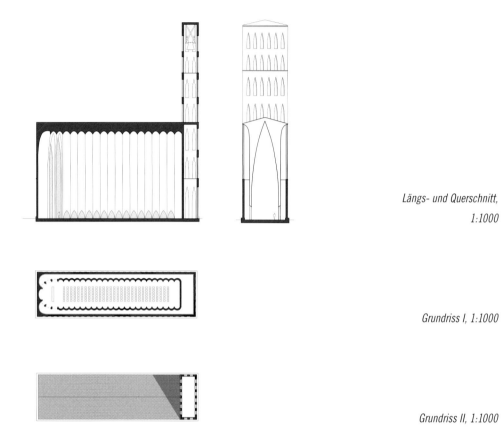

Längs- und Querschnitt, 1:1000

Grundriss I, 1:1000

Grundriss II, 1:1000

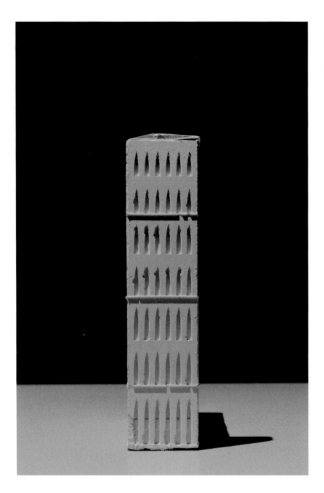 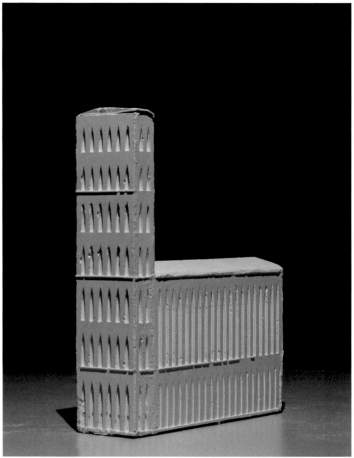

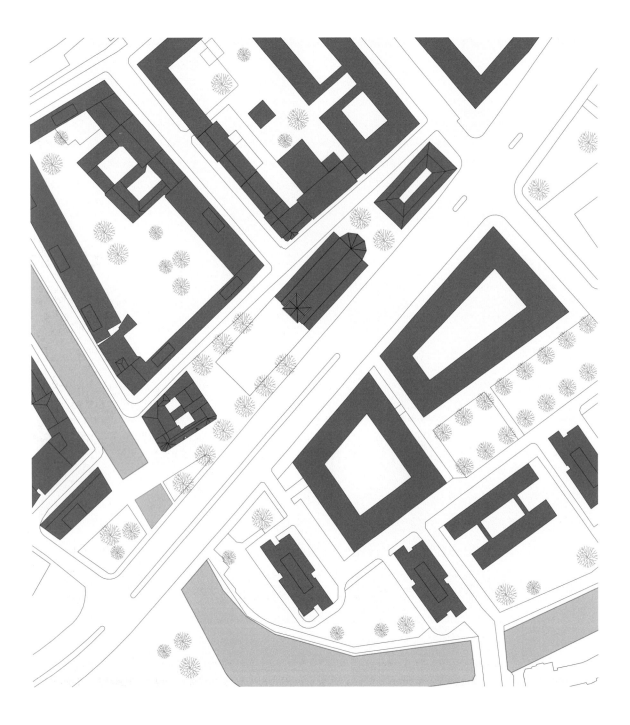

SEBASTIAN STRUCKAT

Ein kräftiger Turm, der sich aus dem Kirchenkörper drückt, markiert den Eingang und verhilft dabei dem Petri-Platz zu einem neuen Gesicht.

Über den Turm erschließt sich der Kircheninnenraum, der als klassischer Basilikatyp entwickelt wird. In seiner Materialität erinnert er an lokale Vorbilder, entwickelt aber gleichzeitig durch raffinierte, ornamentale Gestaltung eine erstaunliche Feinheit der Lichtqualität.

Quer- und Längsansicht, 1:1000

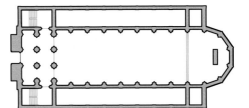

Grundriss, 1:1000

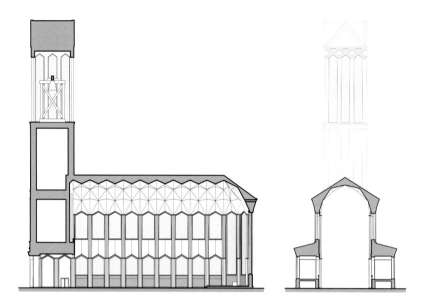

Quer- und Längsschnitt, 1:1000

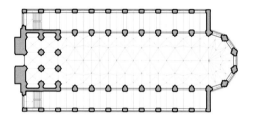

Grundriss, 1:1000

116 Sebastian Struckat

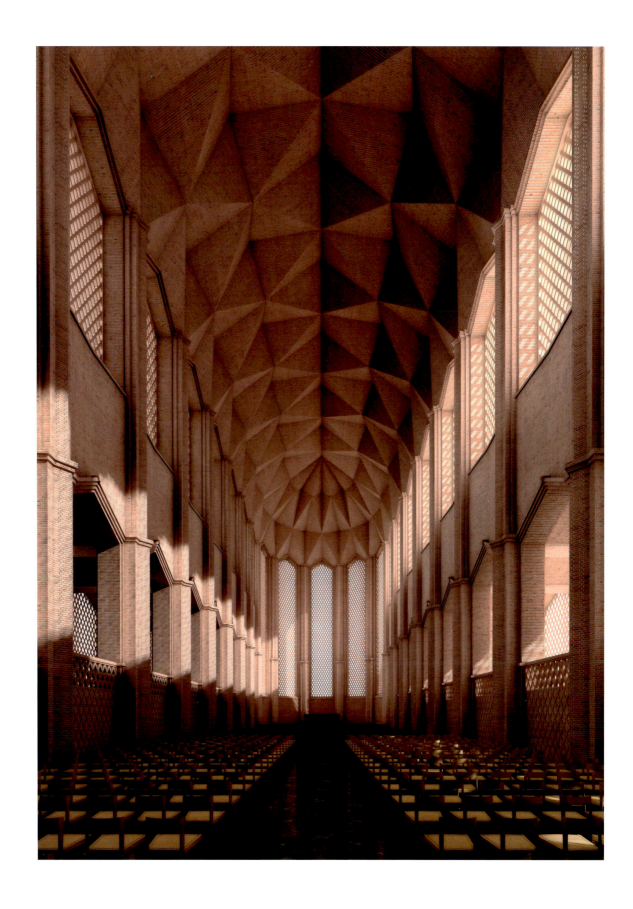

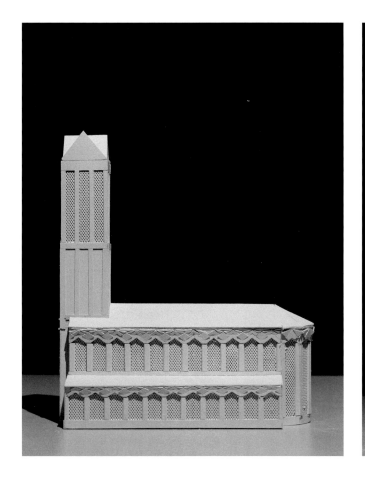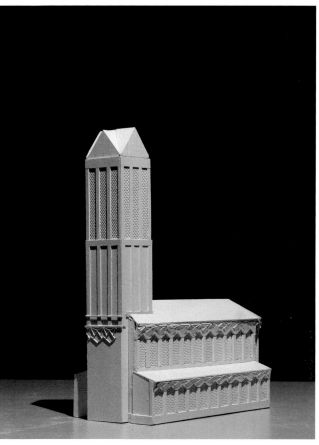

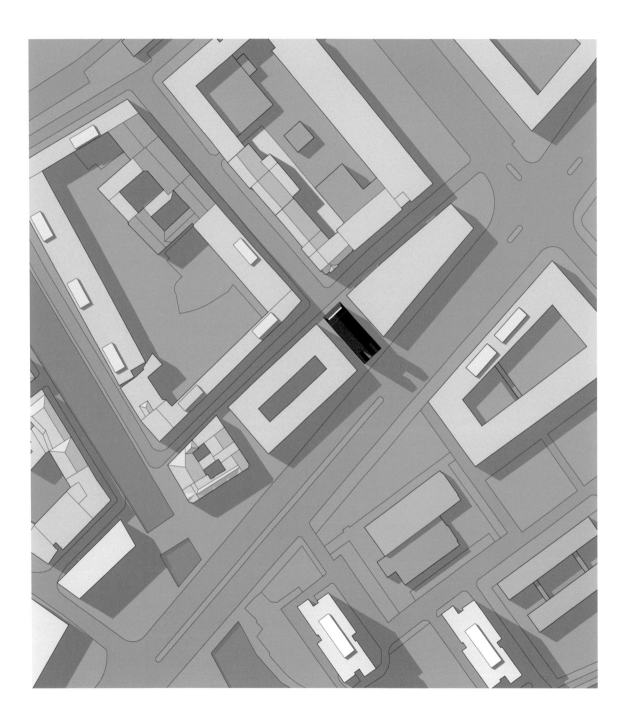

CASPAR TEICHGRÄBER

Von außen ist die Kirche ein einfacher, blockhafter Bau aus dunklem Backstein, ein unprätentiöses Werk, das Assoziationen wachruft, die zwischen K. F. Schinkels und Clemens Holzmeisters Kirchenarchitektur angesiedelt sind. An der Eingangsseite schält sich ein spitzbogiges Portal tief in die Wandmasse des gedrungenen Volumens hinein. Im Innern überrascht ein feingliedriger Baldachin, der von der Decke herabzuhängen scheint. Zwischen der harten Schale der Aussenwand und dem beinahe textilen Dachwerk, sickert das gefilterte Licht in den Kirchenraum hinein und erzeugt eine Atmosphäre der Schwerelosigkeit.

Quer- und Längsansicht, 1:1000

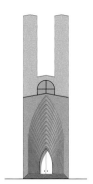
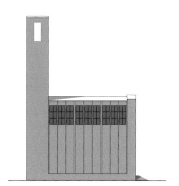

Grundriss, 1:1000

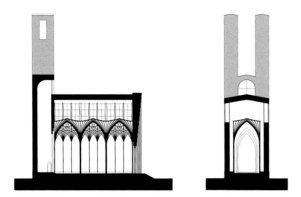

Längs- und
Querschnitt, 1:1000

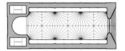

Grundriss I, 1:1000

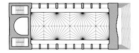

Grundriss II, 1:1000

SIMON THOLEN

Die lotrechten Wände des Kirchenschiffs werden durch das Einführen des Lichts von oben in Schwingung versetzt. Es bilden sich elliptische Raumeinheiten heraus, deren Kurvatur konsequenterweise zu einer Überkuppelung führt. Eine verbindende Sockelzone hält das in barocker Auflösung begriffene Volumen am Fusspunkt zusammen und lässt es in der städtischen Struktur seinen Platz finden. Im Innenraum entfaltet sich durch die weich gewordene Masse der Wand eine subtile Modulation des Lichts. Ein fein profiliertes, umlaufendes Gesims schärft die Raumkonturen und bindet die Gewölbeschalen in die Struktur ein.

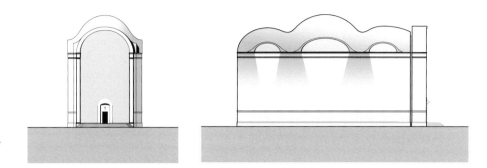

Quer- und Längsansicht, 1:1000

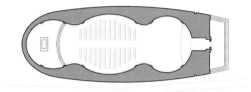

Grundriss, 1:1000

Simon Tholen

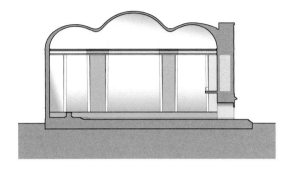
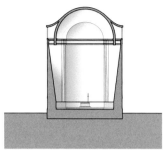

Längs- und Querschnitt, 1:1000

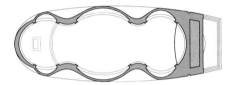

Grundriss, 1:1000

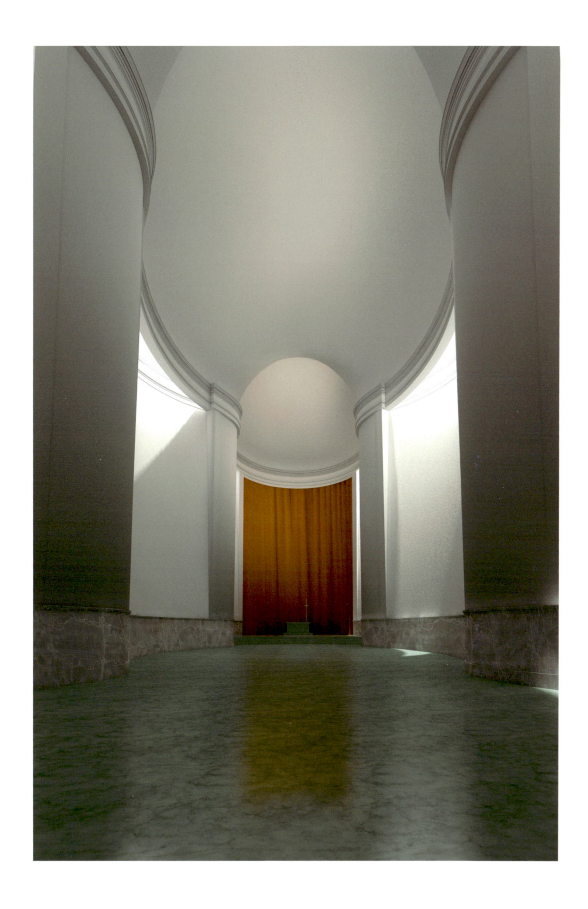

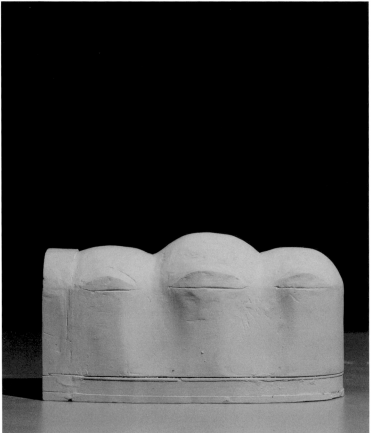

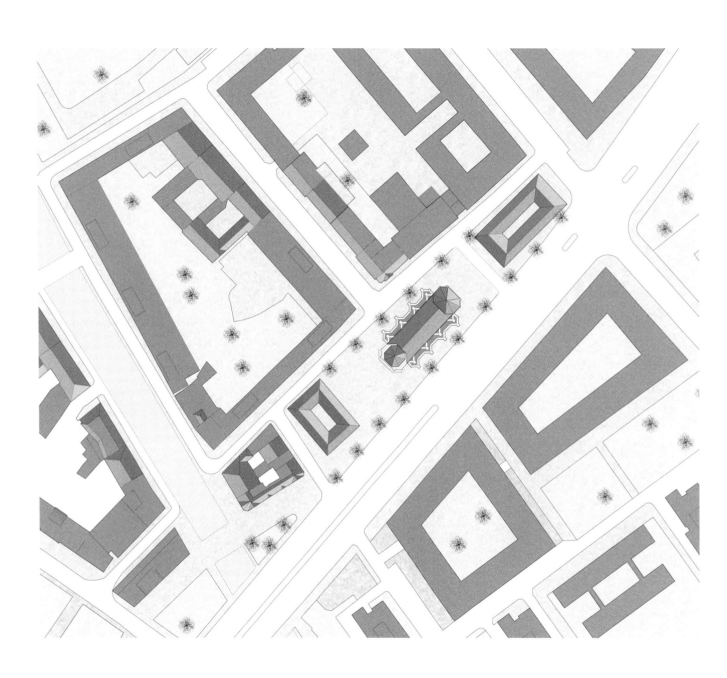

KARIN VON WYL

Nicht nachbilden aber deutlich spürbar machen möchte dieser Entwurf für Sankt Petri die gotische Gründungsgeschichte Cöllns. Auf einem mächtigen grauen Natursteinsockel ruhend türmen sich zwei Reihen hexagonaler Raumzellen um ein Mitteljoch aus fünf aufeinander folgenden Oktagonen. Am platzseitigen Ende ragt eine der oktagonalen Raumfiguren hinauf zu einer Taufkirche, am östlichen Ende erhebt sich über dem Ossuarium der Unterkirche die Grabeskirche.

    Es entsteht so ein Gemeindesaal von größter Geschlossenheit. Sorgfältig wird das Licht indirekt über die seitlichen Emporenjoche in den Saal geführt. In der Grabeskirche hingegen erfährt das Licht eine Steigerung durch die Einführung über Kuppelkranz und Seitenfenster.

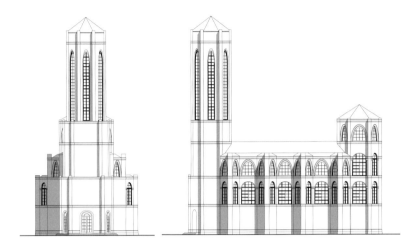

Quer- und Längsansicht, 1:1000

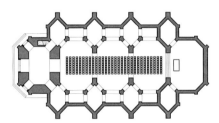

Grundriss, 1:1000

Karin von Wyl

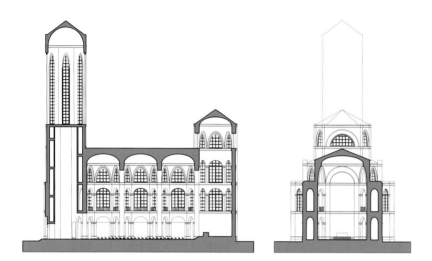

Längs- und Querschnitt, 1:1000

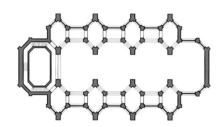

Grundriss, 1:1000

 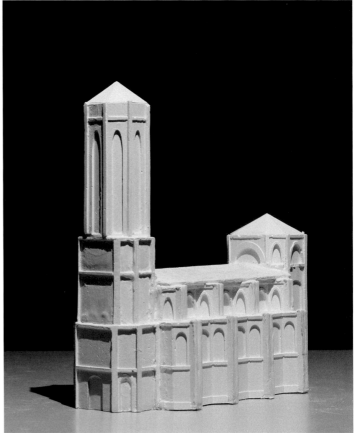

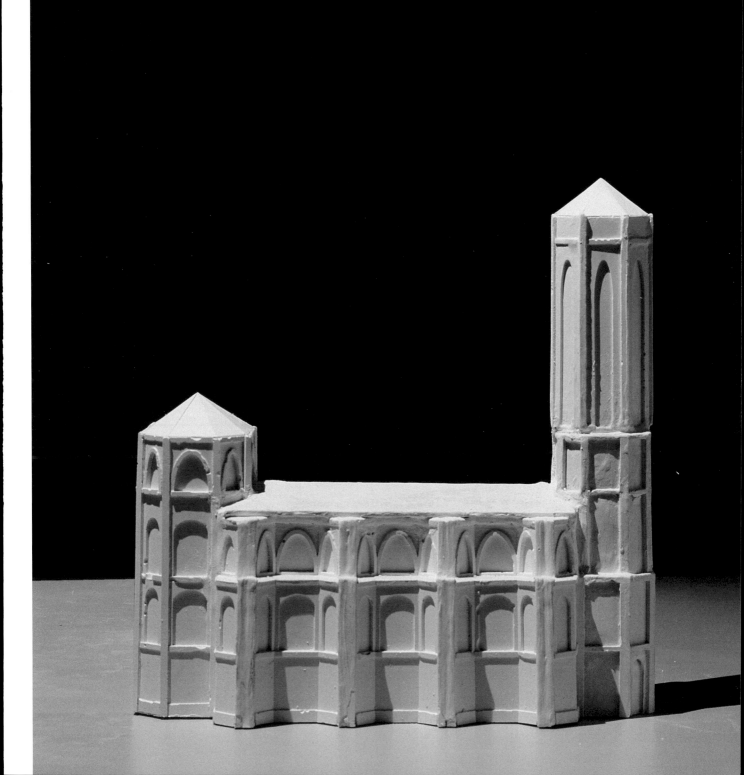

HANS STIMMANN **NACHWORT**

Durch eine Unternehmensentscheidung ist sie plötzlich wieder ins Bewusstsein der Stadt getreten: Die Brüderstraße, genauer gesagt das Haus Nr. 13, das Nicolaihaus[1] soll, so der Vorschlag des Senats, in der Nachfolge des berühmten Aufklärers und Verlegers Christoph Friedrich Nicolai neuer Verlagssitz des Suhrkamp-Verlages werden. Heute liegt das Haus – eines der wenigen Bauten, die darauf verweisen, dass Berlin, genauer Cölln, einst eine Altstadt besaß – in einer Sackgasse in einem der ödesten Winkel der Innenstadt zwischen der stadtautobahnähnlich ausgebauten Gertraudenstraße und der Rückseite des ehemaligen Staatsratsgebäudes der DDR. Die Brüderstraße, eine der ältesten und im 18. und 19. Jahrhundert vornehme Altstadtstraße zwischen Schlossplatz und Petriplatz führt nicht nur nirgendwo hin, sondern ist in ihrer Isoliertheit auch ein besonders eindrucksvolles Dokument der Berliner Planungs- und Baugeschichte. In den letzten Jahren nach der DDR-Staatsgründung wurde die Altstadt bzw. das, was davon übrig geblieben war, samt Brüderstraße zum Anhängsel des Staatsraumes. Vom ehemaligen Schlossplatz durch das Staatsratsgebäude abgeriegelt, endet sie heute an der Ausgrabungsstelle des Petriplatzes. Der Platz war einst das Herz des mittelalterlichen Cölln. Hier stand bis 1964 eine der drei Hauptkirchen der Berliner Altstadt. Die neugotische Kirche, die H. Strack hier 1853 als vierte Kirche, etwas nach Süd-Westen verdreht zwar, aber am Standort baute, wurde erst in den 1960er Jahren gesprengt, um auf dem sakralen Grundstück einen Parkplatz für das DDR-Bauministerium neben der verbreiterten Gertraudenstraße anzulegen. Die Verbreiterung (welch verharmlosendes Wort) der Gertraudenstraße nahm nicht nur Teile des Kirchengrundstücks in Anspruch, sondern zerschnitt das Gefüge der Altstadt. Aus der Südhälfte Alt-Cöllns mit der Grün-, Petri-, Ross- und Fischerstraße wurde eine Wohnhochhausgruppe mit der geradezu irrwitzigen Bezeichnung ›Fischerkiez‹, die der Nordseite Alt-Cöllns konfrontativ gegenüberstand. Aus dem Mittelpunkt einer (Alt-) Stadt mit Platz und Kirche wurde so ein Ministeriums-Parkplatz.

Beide Quartiere der Altstadt wurden so nicht nur zerstört und getrennt, sondern ihres Charakters als Teile von Alt-Cölln beraubt: Aus dem nördlichen Teil wurde mit dem Bauministerium ein Anhängsel des Staatsraumes, aus dem Südteil ein Wohnkomplex à la Marzahn.

Nach dem Fall der Mauer gab es mehrere, bis heute andauernde Anläufe, die Zweiteilung von Alt-Cölln mit dem Ziel der Zusammenführung wenigstens abzumildern. Dabei wurde auch der ehemalige Mittelpunkt (St. Petri) miteinbezogen. Dieser Prozess begann mit dem Spreeinsel-Wettbewerb von 1994, in dessen Namensgebung und Abgrenzung noch die Polarität von Staatsort und Alt-Cöllner Bürgerstadt steckten.

Die meisten Teilnehmer, so auch der Preisträger Bernd Niebuhr, versuchten im Umgang mit Alt-Cölln unter Aufgabe des Ahornblattes, aber Beibehaltung der Wohnhochhäuser, wenigstens den Stadtgrundriss auch auf der Südseite des Petriplatzes wieder zu rekonstruieren.[2] Der Wettbewerb blieb auch wegen veränderter Rahmenbedingungen weitgehend folgenlos *(siehe dazu: Stimmann, Schadow wohnte nicht in Ost-Berlin)*.

Diesem Wettbewerb folgte in den Jahren ab 1996 die Arbeit am »Planwerk Innenstadt«[3] Einer der sogenannten Vertiefungsbereiche war der »Fischerkiez«, d. h. die Altstadt von Cölln mit St. Petri als Mittelpunkt. Der erste Entwurf legte über den vorgefundenen Bestand eine zweite Schicht, die die Elemente des historischen Stadtgrundrisses aufnahm und vorschlug, diesen kleinteilig zu bebauen. Der Standort von St. Petri bleibt jedoch unbebaut. Aus dem Parkplatz wurde nun ein grün gestalteter Petriplatz. In den Jahren danach begann ein intensiver, teilweise turbulenter Planungsprozess unter Beteiligung von zahlreichen Sachverständigen, Architekten, Planungsbetroffenen und den Senats- und Bezirksverwaltungen. Das Ergebnis war ein detaillierter Vorschlag u.a. mit der Aufgabe des »Ahornblattes«. Nach weiteren Debatten über die Bedeutung und Ausdehnung der Rekonstruktion des Stadtgrundrisses über die typologische Spannung zwischen den Wohnhochhäusern und der parzellären Neubebauung kam es am 18.05.1999 zum Senatsbeschluss.

Dabei blieb wiederum der Petriplatz unbebaut. Immerhin wurde beschlossen, die Gertraudenstraße wieder auf die alte existierende Brücke zurückzuführen. Diesem Beschluss folgten weitere bis heute andauernde Versuche der Verwaltung, die Planung in Bauprojekte zu übersetzen.[4] Geschehen ist auch zehn Jahre nach dem Beschluss nichts, denn es ging und geht um den Konflikt zwischen den Interessen des Autoverkehrs und dem angemessenen Umgang mit der Stadtgeschichte. Dazu kommen neuerdings die koalitionsbedingte Rücksichtnahme auf die Partei Die Linke, die in dem jetzigen Zustand nicht in erster Linie ein Produkt der Zerstörung, sondern eines des Aufbaues einer neuen Stadt sieht.

Der letzte Stand ist ein im April 2001 verabschiedeter Gestaltungsplan. Trotz bester Absichten weist das neue Profil 2 × 3-spurige Fahrbahnen und einer Straßenbahn auf Extra-Gleisen bei einer altstadtunverträglichen Straßenbreite zwischen 38,50 und 44,0 m auf. Für den Petriplatz hat dieses verkehrgerechte Profil immer noch die Durchschneidung des ehemaligen Kirchengrundrisses zur Folge. An einen Kirchenneubau war schon aus diesem Grund nicht zu denken. So blieb es bei dem Vorschlag eines Bodenreliefs auf dem Platz, das den halben Grundriss der letzten Petrikirche nachzeichnet.

Nach diesem Beschluss haben im Bereich des alten Stadtkerns bis heute nicht abgeschlossene archäologische Grabungen stattgefunden, die das Wissen um die Geschichte dieses Gründungsplatzes des mittelalterlichen Cölln mit Rathaus, Lateinschule und bisher vier Kirchen enorm vergrößert hat.[5]

Auch hier stellt sich einmal mehr die Frage, was wir mit dem neuesten Wissen anfangen. Gedacht ist bisher offiziell an eine Art archäologischen Park mit einer unterirdischen Promenade. Damit wäre aber für das Verständnis des sakralen Ortes als architektonischer Mittelpunkt der Altstadt praktisch nichts gewonnen. Ein scheinbar hoffnungsloser Fall, der anders als die Rekonstruktionsdebatte zum Thema Schloss aber bisher niemanden zum öffentlichen Engagement bewegt. Doch es tut sich etwas und zwar an unerwarteter Stelle.

Am 5.10.2008 hat der Gemeindekirchenrat von St. Petri / St. Marien beschlossen, in Zusammenarbeit mit der räumlich benachbarten Internationalen Bauakademie einen Architektenwettbewerb »für die Neuerrichtung der Petrikirche am Standort der alten Petrikirchen« auszuloben. Dabei soll »die neu zu entwickelnde Petrikirche (...) bezogen werden auf ihre Vorgängerbauten und durch eine wegweisende innovative Formensprache zugleich spirituelle Impulse zur Wiederbelebung der Mitte Berlins entfalten«.

So überfällig die Auseinandersetzung mit dem Neubau der fünften Kirche ist. 45 Jahre nach der schändlichen Sprengung für den Bau einer Straße und eines Parkplatzes für das Bauministerium, so tonnenschwer sind die Steine, die für die Akzeptanz der Idee eines solchen Baus beiseite geschafft werden müssen. Dabei denke ich nicht zuerst an die Herausforderungen des Entwurfes und der Finanzierung einer neuen Petrikirche, sondern an die längst überfällige Auseinandersetzung über die berlintypische Wertfrage zwischen den Ansprüchen einer autogerechten Stadt und denen der Städtebau- und Kirchenbaugeschichte. Auf welchen der historischen Grundrisse sich die auslobende Kirche auch immer bezöge, der östliche Teil ragte in jedem Fall in den bisher als Straßenfläche gedachten Raum hinein. In früheren Jahrzehnten half man sich bei solchen Konflikten mit einem Tunnel. Ein Vorschlag, den heute allenfalls noch der ADAC vorbringen könnte. Ein besser geeigneter Ort für städtebaupolitisch begründete Wertentscheidungen ist also bei dieser Konstellation derzeit in Berlin nicht zu haben. Die Berliner Christdemokraten könnten sich hier endlich einmal auf ihre programmatischen Wurzeln beziehen, für die Linke wäre es eine Gelegenheit, sich von der Sprengkraft der früheren SED zu distanzieren und was für die Grünen wahrscheinlich leicht im Sinne einer historischen Rekonstruktion des Straßenzuges zu entscheiden wäre, erforderte in der SPD wahrscheinlich eine langandauernde Grundsatzdebatte über das Thema »Keine Zukunft ohne Vergangenheit in der Mitte Berlins«. Lediglich die FDP sähe die wirtschaftliche Entwicklung Berlins durch eine solche autoverkehrsfeindliche und zudem rückwärtsgedachte Maßnahme eines Kirchenneubaus mitten auf einer Straße gefährdet und könnte zugleich auf die offensichtlich fehlende Nachfrage nach christlichen Gotteshäusern auf dem Berliner Kirchenmarkt verweisen.

Wie immer sich die Parteien und Fraktionen in diesem Konflikt entscheiden, der Bau einer neuen St. Petrikirche unter Inanspruchnahme von Straßenland ließe sich noch besser begründen, wenn in der näheren Umgebung auch eine neue St. Petri-Gemeinde ein Zuhause fände und an der Scharrenstraße, vor allem aber an der Breiten Straße eine Bebauung mit individuellen Stadthäusern für neue Bürger in der Nachbarschaft zum Suhrkamp-Verlag im Nicolaihaus entstünde.

Bevor der mit dem Senat abzustimmende Bauwettbewerb mit den wahrscheinlich geforderten Kompromissen zur Beschränkung des Baukörpers auf ein verträgliches Maß beginnt, sollen die skizzenhaften Architektenentwürfe zeigen, welch politischer Sprengstoff in einem Kirchenbau im Zentrum Berlins steckt.

Was ist dagegen schon der Bau des Humboldtforums!

Anmerkungen:

1 Ebert, Marlies / Hecker, Uwe: *Das Nikolaihaus – Brüderstraße 13 in Berlin*; Berlin 2006
2 Arbeitsgruppe Berlin-Wettbewerbe (Gesamtredaktion Felix Zwoch) (Hrg.): *Hauptstadt Berlin: Stadtmittel Spreeinsel*, Berlin; Basel, Boston 1994
3 Senatsverwaltung für Stadtentwicklung, Umweltschutz und Technologie (Hrg.): *Planwerk Innenstadt Berlin. Ein erster Entwurf*; Berlin 1997, S. 56–59
4 Senatsverwaltung für Stadtentwicklung (Hrg.): *Vom Planwerk zum Bauwerk: Spittelmarkt – Gertraudenstraße*; Berlin 2001
5 Melisch, Claudia / Wesner, Maria: *St. Petri-Kirche*; Berlin 2008